O CÓDIGO
DA CONQUISTA

Editora Appris Ltda.
1.ª Edição - Copyright© 2022 dos autores
Direitos de Edição Reservados à Editora Appris Ltda.

Nenhuma parte desta obra poderá ser utilizada indevidamente, sem estar de acordo com a Lei nº 9.610/98. Se incorreções forem encontradas, serão de exclusiva responsabilidade de seus organizadores. Foi realizado o Depósito Legal na Fundação Biblioteca Nacional, de acordo com as Leis n.os 10.994, de 14/12/2004, e 12.192, de 14/01/2010.

Catalogação na Fonte
Elaborado por: Josefina A. S. Guedes
Bibliotecária CRB 9/870

M386c
2022
	Martins, Diego da Silva Tomaz
	   O código da conquista / Diego da Silva Tomaz Martins.
	   - 1. ed. - Curitiba : Appris, 2022.
	      79 p. ; 21 cm.
	
	   ISBN 978-65-250-2125-6
	
	      1. Entrevistas - Emprego. 2. Curriculum vitae. 3. Procura de emprego.
	   I. Título. II. Série.
	
	                                                    CDD – 650.14

Livro de acordo com a normalização técnica da ABNT

Appris
editora

Editora e Livraria Appris Ltda.
Av. Manoel Ribas, 2265 – Mercês
Curitiba/PR – CEP: 80810-002
Tel. (41) 3156 - 4731
www.editoraappris.com.br

Printed in Brazil
Impresso no Brasil

Diego da Silva
Tomaz Martins

O CÓDIGO
DA CONQUISTA

FICHA TÉCNICA

EDITORIAL
Augusto V. de A. Coelho
Marli Caetano
Sara C. de Andrade Coelho

COMITÊ EDITORIAL
Andréa Barbosa Gouveia (UFPR)
Jacques de Lima Ferreira (UP)
Marilda Aparecida Behrens (PUCPR)
Ana El Achkar (UNIVERSO/RJ)
Conrado Moreira Mendes (PUC-MG)
Eliete Correia dos Santos (UEPB)
Fabiano Santos (UERJ/IESP)
Francinete Fernandes de Sousa (UEPB)
Francisco Carlos Duarte (PUCPR)
Francisco de Assis (Fiam-Faam, SP, Brasil)
Juliana Reichert Assunção Tonelli (UEL)
Maria Aparecida Barbosa (USP)
Maria Helena Zamora (PUC-Rio)
Maria Margarida de Andrade (Umack)
Roque Ismael da Costa Güllich (UFFS)
Toni Reis (UFPR)
Valdomiro de Oliveira (UFPR)
Valério Brusamolin (IFPR)

ASSESSORIA EDITORIAL
Raquel Fuchs

REVISÃO
Ana Paula Luccisano

DIAGRAMAÇÃO
Bruno Ferreira Nascimento

CAPA
Diego da Silva Tomaz Martins

COMUNICAÇÃO
Carlos Eduardo Pereira
Karla Pipolo Olegário

LIVRARIAS E EVENTOS
Estevão Misael

GERÊNCIA DE FINANÇAS
Selma Maria Fernandes do Valle

AGRADECIMENTOS

Quero agradecer imensamente ao meu avô Francisco Pio Martins e à minha avó Terezinha Martins. Eles são meus heróis e guerreiros, pois fui criado por eles. Tudo o que sou, bem como tudo o que aprendi ao longo da minha vida, veio da educação que recebi, dos ensinamentos que eles concederam-me, educando-me e ensinando-me os valores da vida.

Portanto, sou eternamente grato e quero dedicar todo meu conhecimento, meus esforços e minhas conquistas ao meu avô e à minha avó, que sempre se dedicaram para que eu pudesse obter grandes conquistas na vida.

Minha grande inspiração para escrever este livro veio da entrevista que tinha feito na Unimed, no ano de 2014. Quando fiz minha primeira entrevista naquela empresa, não consegui a vaga. A partir daí, comecei a assistir a alguns vídeos na internet, com dicas relevantes. Então, fui escrevendo alguns textos no Word para treinar algumas falas, a fim de me sair melhor nas próximas oportunidades. Depois de algum tempo, consegui a vaga tão desejada na Unimed e, mesmo assim, continuei com as escritas. Tive o imenso prazer de ser entrevistado pelas empresas mais conceituadas da cidade, e cada uma delas me concedeu grandes conhecimentos, os quais menciono aqui no livro.

APRESENTAÇÃO

Sou apaixonado pela leitura, pois digo que o conhecimento é libertador.

O conhecimento engrandece, concede oportunidades, agrega valor à sua carreira e leva-o a um nível mais elevado.

Meus maiores hobbies são: leitura, buscar aprendizados, escrever e assistir a filmes.

Gosto de estar sempre com a família, pois é o bem mais precioso que temos.

Sou muito extrovertido, alegre, de bem com a vida.

A seguir, estão as empresas onde trabalhei e os cargos que exerci, sendo minhas experiências:

– Adecoagro/Produção, Administrativo e Atendimento;
– Emater/Administrativo e Controle de Custos Mensais;
– Unimed/Administrativo e Financeiro;
– Banco do Brasil/"Estágio" de Atendimento ao Cliente;
– APAC/"Estágio" de Consultoria Organizacional e Fiscal;
– GAC Transportes/Administrativo e Logística;
– Drogaria Americana/Caixa, Administrativo e Financeiro;
– DSG Poupe Brasil/Supervisor Administrativo, Financeiro e Vendas.

Em toda minha carreira, busquei fazer o meu melhor, ter iniciativa, realizando tudo com amor e satisfação, pois, quando você executa algo com boa vontade e brilho nos olhos, consegue transpassar isso para as pessoas ao seu redor, esse encantamento. Por meio dessa excelência, consegue trazer bons resultados e melhorar as condições no trabalho.

E quando faz seu trabalho bem-feito, tem-se a concepção ou a ideia de valorização. Ou seja, conseguimos entender o quanto é gratificante realizar algo que foi benéfico para a empresa.

Com seu trabalho e seu bom desempenho, quando estes geram valores para a empresa, você também é beneficiado com o passar do tempo por meio de aumento de salário ou recebe a proposta de atuar em um cargo mais elevado etc.

Em algumas empresas, tive a felicidade de conquistar uma vaga em setores diferentes, ser reconhecido pela meritocracia e receber salário mais elevado por me empenhar muito em busca de resultados. Quando você faz o seu melhor, isso reflete para você, possibilitando conquistar grandes resultados ao longo do seu trajeto.

Portanto, faça o seu melhor sempre, os resultados serão surpreendentes.

O autor

PREFÁCIO

Uma missão me foi dada! Fazer o prefácio do livro do meu querido ex-aluno Diego. Um convite daqueles que não se recebem todos os dias, o qual aceitei de prontidão, porém, confesso que fiquei bem apreensiva, pois nunca o tinha feito. Mas tenho de cumprir meu propósito, então decidi escrever um pouco sobre o que mais me recordava do Diego nas aulas e, principalmente, dos "bate-papos" dos corredores. Diego sempre foi um aluno que me deixou pensativa... O que realmente ele quer fazendo este curso, será que tem perfil para o que ele fala e deseja? Mas como uma boa incentivadora, sempre deixava ele falar de seus anseios, projetos e sonhos. Diego sempre focou em seu sonho de ser um grande palestrante, mas, nas apresentações em sala de aula, tinha muita dificuldade! Contudo, ele nunca desistia, até que o convidei para proferir uma palestra num projeto do qual faço parte aqui na cidade de Alfenas-MG, e ele, mesmo nervoso, conseguiu transmitir o conteúdo e foi muito bom, os participantes gostaram muito. Daí por diante, Diego sempre procurou se desenvolver e estar próximo de pessoas de sua admiração. Nesta etapa de sua vida, Diego me surpreende com este livro, que vem proporcionar aos seus leitores informações sobre um assunto tão pertinente nos dias atuais: como as pessoas devem se comportar em entrevistas de emprego nas organizações, bem como dá dicas de como formatar um currículo agradável de ler, as vestimentas adequadas em cada ocasião e perfil de empresas e argumentações nas conversas com os entrevistadores. Sei que, para Diego, este livro será o primeiro de muitos, seja em atualizações do tema, seja em temas relacionados ao desenvolvimento humano. Dessa forma, vamos apreciar esta leitura deste belo trabalho desenvolvido por um sonhador que buscou e, hoje, colhe os frutos de seu trabalho.

Sandra de Souza Alves

Administradora, professora nos cursos de graduação e pós-graduação em Administração, Ciências Contábeis e Pedagogia na Universidade José do Rosário Vellano. Consultora nas áreas de Educação Corporativa e Desenvolvimento Humano

Alfenas - MG

SUMÁRIO

1
O INÍCIO DA JORNADA 15

2
PERGUNTAS PARA FAZER NA ENTREVISTA 20

3
CONCEITOS DE UMA ENTREVISTA 21

4
ATENÇÃO AO CURRÍCULO 22

5
O QUE NÃO PRECISA COLOCAR NO CURRÍCULO? 28

6
CARTA DE APRESENTAÇÃO 29

7
CUIDADOS COM O CURRÍCULO 31

8
QUANTAS VEZES VOCÊ DEVE ENVIAR CURRÍCULO
À EMPRESA? 32

9
CUIDADOS COM A FALA 34

10
REDAÇÃO: APRESENTAÇÃO PESSOAL 36

11
ONDE BUSCAR EMPREGO? 38

12
ENTENDA SOBRE A CULTURA ORGANIZACIONAL 40

13
DICAS PARA CONSEGUIR EMPREGO SEM TER
EXPERIÊNCIA 41

14
CONCEITOS QUE DEVEM SER PENSADOS ANTES DE IR
PARA A ENTREVISTA 47

15
CONCEITOS QUE DEVEM ESTAR CLAROS NO MOMENTO
DA ENTREVISTA 51

16
DINÂMICA DE GRUPO 57

17
PERGUNTAS MAIS FREQUENTES FEITAS PELOS
RECRUTADORES NO PROCESSO SELETIVO 58

18
PERGUNTAS DE RACIOCÍNIO LÓGICO 75

19
O MELHOR NEM SEMPRE VENCE 77

1

O INÍCIO DA JORNADA

Minha história se resume basicamente a uma palavra que deu início à nova jornada: "PROPÓSITO".

Essa palavra é muito forte e leva as pessoas a fazerem coisas extraordinárias. Eu tinha um objetivo, e esse é o caminho para começar a caminhada.

Certa vez, estava entregando currículos na cidade de Alfenas (MG). De repente, passando pela rua, encontrei com um amigo, e ele me questionou sobre o que eu estava fazendo por ali naquele momento, então disse que estava entregando currículos. Nesse exato instante, ele olhou para o lado e falou para eu deixar um ali onde estávamos, que era na empresa Unimed. Naquele ano, eu não tinha muito conhecimento daquela empresa, não sabia muito bem o que se fazia lá, qual era o ramo de trabalho, mas decidi entrar com meu amigo e tentar a sorte. Ao entrar na Unimed, fiquei encantado com aquela estrutura toda bonita, uma empresa muito bem estruturada, com vidros grandes e verdes, luminárias sofisticadas, enfim, fiquei maravilhado com tudo aquilo. Deixei meu currículo com um funcionário e fui embora. Logo depois de uma semana eu estava apreensivo, esperando por uma ligação dessa empresa, pois queria muito participar de um processo seletivo e trabalhar naquele lugar de qualquer forma. Depois de passar aproximadamente duas ou três semanas, me ligaram para a entrevista, nem acreditei de tanta felicidade, pois estava prestes a ter a oportunidade de conquistar a vaga tão esperada naquela empresa tão conceituada. No dia da entrevista, havia sete pessoas, foram feitas perguntas para todos nós e nos entregaram um questionário para responder a algumas perguntas. No momento da fala, percebi que tinha um rapaz lá que estava quase terminando a faculdade, possuía uma experiência mais elevada, tinha maior facilidade de falar perante as pessoas, ele se sobressaiu muito bem na fala, eu concluí.

Ao chegar minha vez de falar, o nervosismo tomou conta de mim, fiquei ansioso, não conseguia me expressar adequadamente, falei bem pouco e rapidinho.

Naquele momento, percebi que não tinha agradado muito ao recrutador, pois não passei muita segurança ao falar.

Na minha cabeça, eu imaginei que aquele rapaz que estava no oitavo período de Administração iria conseguir a vaga: ele dominou muito bem a fala e soube dizer claramente o que desejava, com voz firme, confiança, deu para perceber que o recrutador prestou muita atenção ao que ele falava e se prendeu ao assunto do começo ao fim.

No momento em que saí da entrevista para ir embora, não estava contente porque, na verdade, eu não acreditava que ia conseguir passar.

Então, o que eu fiz?

Assim que cheguei a minha casa, disse para mim mesmo:

– Vou me capacitar da melhor maneira possível, vou aprender a falar muito bem, dominar a comunicação para passar confiança ao recrutador, porque se houver uma próxima oportunidade, terei a possibilidade de entrar naquela empresa ainda e conquistar meu objetivo.

Mas isso não é algo que se aprende do dia para noite. Há um longo caminho a percorrer para que se possa dominar uma entrevista do começo ao fim, sem ficar nervoso e conseguir ser convincente.

Dessa forma, busquei ver vídeos de entrevista no YouTube para obter algumas dicas importantes, elaborei um trabalho no documento de Word, em meu notebook, sobre as perguntas mais frequentes, bem como alguns modelos de respostas que pudessem ser destaques. Para manter a tranquilidade, ao falar perante as pessoas, busquei participar mais das aulas na faculdade, pois assim possibilitava domínio de fala, autoconfiança etc.

E assim fui caminhando...

Depois de passar uns quatro meses, aproximadamente, levei um novo currículo à empresa. Logo em seguida, chamaram-me de novo para outra vaga... Mas era para office-boy, e eu não estava querendo aquela vaga porque eu desejava trabalhar no setor administrativo, já que estava no curso de Administração. Mesmo não querendo aquele emprego, no momento da entrevista eu demonstrei interesse e disse que queria sim, pois devia mostrar que desejava trabalhar ali de qualquer jeito, aceitando qualquer vaga oferecida. Talvez, assim que estivesse na empresa, fosse possível transferir-me para outro cargo que tivesse mais alinhamento com o meu perfil, então, disse que queria a vaga de office-boy. Ainda assim, não passei na entrevista. O recrutador tinha encontrado alguém com experiência naquela área e resolveu dar a oportunidade para o outro rapaz que tinha sido entrevistado.

Foi um alívio, porque eu preferia esperar por outra vaga que pudesse ser no setor administrativo.

Então, fui embora e continuei os estudos sobre entrevistas. Conversei com professores a respeito desse assunto, busquei o máximo de informações, desenvolvi algumas teorias relevantes, procurei entender melhor quais eram meus pontos fortes e fracos, no que eu poderia me destacar numa entrevista, os conceitos mais relevantes para os recrutadores, enfim, pesquisei a fundo e me preparei para uma terceira oportunidade.

Depois de tanto estudo e preparação, fui à Unimed novamente, pela terceira vez, entregar meu currículo.

Com o passar do tempo, uma nova vaga tinha aberto e, para minha surpresa, era no setor que tanto almejava, para atuar no Administrativo.

O recrutador da empresa me ligou, eu fiquei extremamente feliz em saber dessa nova oportunidade que estava tendo. Preparei-me o máximo que podia. Chegando o dia da entrevista, estava calmo, tranquilo, sabia perfeitamente que meu preparo seria muito relevante e, consequentemente, poderia me ajudar a sair na frente.

No momento, ao entrar na sala da gerente, cumprimentei-a, sentei à mesa e logo olhei nos olhos para demonstrar atenção e que estava seguro e tranquilo.

Ela pegou meu currículo, olhou o que estava escrito nele e me fez duas perguntas.

Eu tinha me preparado tanto, mas tanto para aquela entrevista, que na minha mente tinha a certeza de que iria passar naquele momento.

Ela fez a primeira pergunta, eu respondi perfeitamente, ela parece ter gostado da resposta...

Em seguida, olhou para o meu currículo, percebeu que eu tinha participado de uma palestra na faculdade e me perguntou a respeito daquela palestra. Nesse instante, estava muito preparado para respondê-la da melhor maneira possível, então acredito ter me saído muito bem.

A gerente fez apenas essas duas perguntas e logo me dispensou. Por ter me dispensado tão rápido, só poderia haver dois caminhos: eu poderia ter me saído muito bem ou muito mal...

Mas estava confiante, porque tive a capacidade de enfrentar aquele momento com tanto orgulho, porque respondi às perguntas dela de uma forma que até eu mesmo me surpreendi.

Depois de dispensado, fui para casa. E aproximadamente uma semana depois me ligaram, dizendo que a vaga era minha. Aquele instante parecia mágico, não estava acreditando que tinha conquistado a vaga tão desejada, aquilo que tanto queria naquela empresa. Parecia um sonho, mas, enfim, meus esforços foram válidos e eu tinha conseguido.

Então, penso assim: se meu concorrente consegue passar na entrevista, eu também consigo, apenas precisamos estar preparados para essas oportunidades. Foi exatamente o que fiz...

Busquei recursos, valores, conhecimentos que fossem extremamente importantes para me colocar à frente dos outros e conquistar esse meu grande desejo.

Depois de nove meses, saí da Unimed, trabalhei no Banco do Brasil, na Apac, na GAC Transportes, Drogaria Americana, Rede de Drogarias DSG Poupe Brasil, e fiz entrevista nas melhores e maiores empresas de Alfenas, nas mais conceituadas, e obtive grandes conhecimentos nessa área.

Por meio dessas grandezas, escrevi minhas experiências, dicas e muito mais para ajudar todos que precisam entrar no mercado de trabalho.

> Para todo momento de incerteza, haverá dúvida...
> Para toda dúvida, haverá uma ação...
> Para toda ação, haverá um resultado...
> Para todo resultado, haverá sucesso ou insucesso...
> Para todo sucesso, haverá realização...
> Para o insucesso, haverá aprendizado que o levará ao sucesso...
> Tudo acontece nessa Vida, para nos engrandecer, desenvolver e nos levar ao sucesso...
> Tudo é válido e serve de experiências.

2
PERGUNTAS PARA FAZER NA ENTREVISTA

No momento da entrevista, seria interessante você fazer algumas perguntas para o recrutador, pois assim estará demonstrando maior interesse em atuar naquela empresa.

Veja algumas perguntas que podem ser feitas, as quais podem causar um impacto positivo e destacá-lo:

1. A empresa possui responsabilidade social?

2. Você poderia me dizer por qual motivo abriu esta vaga?

3. A empresa oferece capacitação profissional para os colaboradores?

4. A empresa possui plano de carreira?

5. Dentro desta empresa os colaboradores possuem liberdade de expressão? No sentido de que, caso eu tenha uma boa ideia, possa trazê-la para ser estudada com o intuito de trazer melhorias? Se for aceita, possa colocá-la em prática?

6. Quais são os critérios que você utiliza para promover um colaborador?

7. Dentro da empresa acontecem reuniões com os colaboradores? Utilizam feedback?

8. Quais são os pontos principais que um candidato precisa ter para ser contratado?

3
CONCEITOS DE UMA ENTREVISTA

Em uma entrevista de emprego, são feitas diversas perguntas referentes à sua vida pessoal e profissional, as quais envolvem alguns assuntos que são pertinentes a testes psicológicos.

Muitas vezes são feitas perguntas que fogem de nossa imaginação, algo que jamais iríamos imaginar que pudesse ser questionado em uma entrevista. Contudo, de alguma forma, faz um grande sentido para aquele que está nos recrutando.

Devemos estar bem preparados para desenvolver boas ideias e responder adequadamente ao recrutador, pois se você mencionar algum conceito mal posicionado, isso lhe ocasionará algo ruim. Portanto, seja convincente por meio de pontos relevantes que o destaquem no processo seletivo.

4
ATENÇÃO AO CURRÍCULO

Antes de enviar seu currículo à empresa, lembre-se de atualizar todos os dados.

Tome muito cuidado para não amassá-lo, nem sujá-lo, pois esses cuidados são fundamentais para ser convocado.

O currículo deve conter, de preferência, uma página apenas, porque, se for acima disso, poderá conter informações desnecessárias que o tornam desinteressante. Apresente somente o essencial em um breve resumo de suas experiências.

Destaque suas experiências anteriores. Ressalte tudo que fez de importante nas empresas onde trabalhou e as atividades voluntárias de que participou ou participa, como cursos, palestras e treinamentos.

Coloque-as por ordem: recentes primeiro.

Siga o exemplo a seguir:

4.1 MODELO DE CURRÍCULO

Nome Completo
Estado Civil/Idade Cidade/CEP e Endereço Telefone/E-mail
Objetivo: Resumo de Qualificação: Formação: Idioma: Participação em Cursos e Palestras: Experiência Profissional: <div align="right">Mês/Ano</div>

Coloque no currículo seu **nome** (centralizado), com a letra um pouco maior que as demais a seguir e em negrito, para dar destaque.

A seguir, alinhado à esquerda, você deve mencionar os requisitos:

— **estado civil e idade;**

— **cidade, CEP e endereço completo;**

— **telefone e e-mail.**

No **objetivo**, alguns acham que devem colocar da seguinte forma: "Meu objetivo é aprender e contribuir com o desenvolvimento da empresa". Não é nada disso. No objetivo, você vai somente destacar o setor em que deseja atuar na empresa.

Exemplo:
Objetivo: Setor Administrativo/Atendimento/Vendas

O exemplo anterior fala que você se interessa pelo setor administrativo, atendimento ou vendas. O ideal é colocar no máximo duas ou três áreas diferentes, senão o recrutador pode pensar que qualquer área para você serve, pode achar que você não tem foco.

No **resumo de qualificação**, você deve colocar todas as suas experiências, tudo aquilo que desenvolveu na faculdade, nas empresas anteriores, os trabalhos voluntários, projetos que tenha desenvolvido etc.

Não se esqueça de mencionar as partes mais importantes e que tenham mais relação com aquele cargo que está concorrendo, caso haja muitas experiências.

Exemplo: se você trabalhou no setor de vendas, pode inserir que possui experiência com atendimento, vendas, controle de estoque, estratégias de vendas etc. Caso tenha trabalhado como caixa, pode colocar que possui experiência com abertura e fechamento de caixa, recebimento de contas, e que operava pelo sistema integrado da empresa.

No item **formação**, você coloca sua formação atual.

Caso esteja fazendo faculdade, coloque apenas cursando a graduação ou técnico em..., inserindo o nome do curso. Não precisa colocar ensino médio concluído, pois se está na faculdade, o recrutador já terá em mente que você concluiu o ensino médio.

Caso esteja no ensino médio, coloque cursando ensino médio. Insira o mês e o ano para a conclusão do ensino médio, do técnico, da graduação, da pós etc.

Alguns recrutadores acham importante ressaltar o nome da escola ou faculdade também.

Veja o exemplo a seguir:

Formação:
– Cursando graduação em Administração de Empresas (colocar nome da universidade).
Conclusão do curso: dezembro de 2016.
Se estiver cursando ensino médio, informe conforme a seguir:
– Cursando ensino médio (colocar aqui o nome da escola).
Conclusão do curso: dezembro de 2017.

É extremamente importante você destacar o **idioma**, caso esteja cursando um curso de línguas. Se tiver concluído o curso, é necessário mencionar também.

Você precisa colocar o curso, o nome da escola de ensino, o domínio que já possui e a data para a conclusão.

Exemplo: cursando inglês – Uptime.

Domínio intermediário, conclusão prevista do curso: junho de 2018.

Se você já participou de **cursos** ou **palestras**, deve citá-los também, pois demonstra que você está buscando conhecimento e capacitação para entregar o melhor para a empresa. Então, tenha em mente todos os eventos de que participou e não se esqueça de pôr no currículo.

Na internet, há vários cursos on-line e gratuitos, você pode fazer alguns deles e inserir no currículo, pois é válido.

Na **experiência profissional**, você deve colocar no máximo três empresas nas quais trabalhou, a cidade onde elas estão localizadas, além do tempo em que ficou em cada uma delas (data de entrada e de saída).

Observação: você deverá colocar por ordem, das empresas recentes para as mais antigas.

Veja o exemplo a seguir:

Experiência Profissional:
– Banco/São Paulo – SP
Atendimento: mês/ano de início até o momento.

Observação: coloque até o momento, no caso anterior, se ainda estiver trabalhando na empresa. Caso contrário, deverá colocar o mês e o ano em que saiu desse emprego, conforme as informações a seguir.

– Supermercado/São Paulo – SP
Caixa: 04/2015 a 12/2015.
– Loja/São Paulo – SP
Vendas: 08/2014 a 03/2015.

Atenção: se você tiver muitas experiências, você precisa citar as três que mais têm ligação com o cargo pretendido.

Se estiver concorrendo a uma vaga em um banco, por exemplo, você terá de mencionar as experiências que englobam aquilo que tem o perfil de um banco.

No caso de possuir muitas experiências profissionais, de nada adianta colocar, por exemplo, que você foi pedreiro, carpinteiro, motorista, funileiro se o cargo é para uma pessoa com experiência em atendimento, comunicação etc.

Portanto, esteja atento ao cargo a que vai concorrer, para que você coloque somente aquilo que esteja alinhado ao perfil ideal daquela vaga.

Você deve colocar o **mês** e o **ano** alinhados à direita, bem no final do currículo, para que o recrutador saiba que ele está atualizado.

Veja o exemplo a seguir: coloque no canto direito, inserindo sempre o mês e o ano em que você está.

MAIO/2017

Observação: no currículo, você poderá colocar o logotipo da empresa para demonstrar maior interesse em atuar nela, afirmando que aquela empresa é única para você e sua vontade de trabalhar ali é muito grande, além disso, fazer parte daquela equipe é muito importante para sua carreira.

5

O QUE NÃO PRECISA COLOCAR NO CURRÍCULO?

- No currículo, não há necessidade de colocar a Carteira Nacional de Habilitação (CNH), foto ou número de outro documento.

- Você somente deverá colocar a CNH se estiver concorrendo a uma vaga de motorista ou no caso de a empresa exigir.

- Com a foto é mesma coisa, você deverá colocá-la somente se a empresa exigir, caso contrário, não será preciso.

- Número de documento não é necessário colocar em nenhuma hipótese, pois a empresa precisará de seus documentos apenas se você for contratado para poder efetuar seu cadastro.

6

CARTA DE APRESENTAÇÃO

Juntamente a seu currículo, você poderá enviar uma carta de apresentação e dizer, com poucas palavras, o motivo de ter escolhido aquela empresa para trabalhar e também falar um pouco sobre você, demonstrando grande interesse em fazer parte daquela equipe.

6.1 EXEMPLO DE CARTA

Por que escolhi esta empresa

Escolhi esta empresa por entender sua grande importância no mercado, pois atua de maneira a beneficiar diversas pessoas da sociedade, abrangendo pessoas de todas as classes. Atua com respeito, ética, clareza e desenvolve bons projetos que beneficiam diversas pessoas, famílias, entre outros.

Uma empresa que muito cresceu nos últimos anos, a qual, por seu excelente trabalho, por seu diferencial competitivo, obteve um grande reconhecimento por meio de suas relações com os clientes, fazendo-os ter uma boa imagem perante a sociedade.

Escolhi esta empresa pelo fato de ter percebido que ela possui valores alinhados aos meus, o que permitirá desenvolver excelentes trabalhos, desenvolver-me a cada dia, agregando mais valores à minha carreira diante de tantas experiências que a empresa pode me propiciar.

Possuo vasta experiência na área de atendimento ao cliente, boa comunicação, bom relacionamento interpessoal, entre outros. Acredito serem essas as competências ideais para contribuir ainda mais com o bom desempenho da empresa.

Tive a oportunidade de aperfeiçoar todas essas qualidades nas empresas anteriores nas quais trabalhei, o que, por sua vez, permitiu-me desenvolver excelentes trabalhos, desenvolver-me a cada dia, agregando mais valores à minha carreira diante de tantas experiências vivenciadas ao longo deste percurso.

Uma empresa que investe no funcionário, que oferece oportunidades a quem deseja crescer profissionalmente e possibilita o aprimoramento a cada dia, reconhece o trabalho do profissional que veste a camisa da empresa, motiva, incentiva e oferece os caminhos para seu desenvolvimento: esta é a imagem que tenho desta empresa.

Sou uma pessoa que procura inspiração nos grandes profissionais, tenho o hábito de leitura, gosto de participar de palestras, busco aprender algo novo, gosto de fazer cursos em diversas áreas e de entender um pouco de cada assunto, procurando, assim, diferenciar-me ao longo de minha carreira.

Meu grande desejo é trabalhar nesta empresa, pois entendo como é gratificante atuar em uma empresa que tanto cresce e, assim, poder crescer com ela por meio de minhas competências e experiências adquiridas no decorrer de minha carreira profissional.

7

CUIDADOS COM O CURRÍCULO

É importante que seu currículo seja revisado várias vezes para ter a certeza de que não tenha erros de português. Isso pode ser extremamente relevante, demonstrando que você é um profissional ao elaborá-lo de maneira completamente correta.

O candidato também deve colocar em seu currículo somente informações verdadeiras. Se houver algo fictício, ou seja, falso, há a possibilidade de ser descoberto na entrevista ou no caso de ser contratado por um período de experiência na empresa, o que poderá trazer a perda de sua oportunidade se você pôr algo de que não tenha conhecimento. Portanto, seja verdadeiro em tudo que colocar no currículo, pois assim estará preparado para responder a qualquer pergunta que o recrutador fizer diante o que está ali escrito.

Na primeira etapa – que é deixar o currículo na empresa –, a fim de que o recrutador possa selecioná-lo para a entrevista, o ideal seria deixá-lo pessoalmente nas mãos do responsável. Assim, ele poderá ter um contato direto com você, entender suas expectativas, ter uma breve conversa e conhecer um pouco a seu respeito.

Há a possibilidade de enviar o currículo via e-mail, mas tenha em mente que o contato pessoal é muito importante para que seja possível aumentar a possibilidade de ser selecionado para a entrevista; o ideal seria entregar em mãos.

8

QUANTAS VEZES VOCÊ DEVE ENVIAR CURRÍCULO À EMPRESA?

É preciso que você conheça um pouco da empresa para a qual está enviando seu currículo. Há aquelas empresas que são de médio e grande porte que, por terem uma rotatividade alta de colaboradores, sempre abrem novas vagas. Portanto, você pode enviar currículo uma vez ao mês.

No caso das empresas menores, percebe-se que, para a abertura de uma vaga, é necessário que alguém tenha se deligado delas ou recebido proposta de subir ou mudar de cargo. Mas por ser uma empresa de pequeno porte, as vagas disponíveis são bem poucas ou quase não há nenhuma durante meses.

Então, sabendo que nessa empresa não existem muitas vagas, você pode enviar um currículo a cada dois meses. É interessante aumentar o tempo para enviar seu currículo, a fim de não ficar muito repetitivo e cansativo, para que o recrutador não fique tendo de analisar o mesmo currículo várias vezes ao longo do tempo.

Então esta é a dica, que é bastante importante ressaltar: para empresas de médio e grande porte, pode-se enviar currículo uma vez ao mês.

Caso você tenha muitas experiências, poderá fazer algumas mudanças em seu currículo para enviá-lo novamente, depois de um mês. Sempre faça algumas alterações ao longo do mês caso haja bastante experiência, pois alguma que não mencionou na primeira vez poderá ser mais impactante, e quando o currículo for enviado ao recrutador, há grandes chances de você ser selecionado para a entrevista.

Para empresas de pequeno porte, mesmo que já tenha enviado seu currículo, é importante que faça alterações também para o envio depois de dois meses ou no tempo que for mandar. As informações que você mencionou na primeira vez, talvez, não tenham muito alinhamento com o perfil da vaga. Quando enviar de novo, com informações diferentes, pode haver algo relevante ali que tenha mais afinidade com aquilo que a vaga exige, com isso, você terá mais possibilidades de ser convocado para a entrevista.

Vou citar um exemplo: vamos supor que você tenha enviado um currículo para uma empresa há duas semanas e hoje fica sabendo que abriu uma vaga com seu perfil. Sabendo que a vaga está aberta, e mesmo que já tenha enviado seu currículo há duas semanas, você poderá mandá-lo novamente, porque algumas empresas não arquivam currículos. Algumas pegam seu currículo, guardam por alguns dias e, vendo que não há vaga ou que seu perfil não se enquadrou, logo ele é descartado. Então, se souber de uma vaga, pode enviar seu currículo, mesmo que já tenha mandado algumas semanas atrás. Não há problemas em enviar novamente.

9
CUIDADOS COM A FALA

Há alguns cuidados a que o candidato precisa estar atento ao conversar com o recrutador para não acarretar problemas, não passar algo negativo etc.

Certa vez, um candidato enviou um áudio no WhatsApp de um recrutador, pedindo uma oportunidade, dizendo que tinha experiência, e enviou seu currículo; esse candidato tinha um currículo muito bom. Mas no áudio que ele enviou ao gestor da empresa, ele disse algo que destruiu toda expectativa do responsável pela contratação.

O candidato conversou com o diretor da empresa, disse que possuía experiência na área, que já tinha sido gerente, mas o pior veio depois. Após falar tudo isso, ele disse: – Eu estou procurando emprego, tenho experiência e preciso logo de um trabalho.

Quando ele disse isso, acabou com a chance que teria, porque o recrutador quando escuta algo desse tipo poderá pensar somente uma coisa: que o candidato à vaga está desesperado por um emprego, porque precisa de um salário para pagar as contas apenas.

Se você necessita muito de trabalho, e deseja conquistar uma vaga em determinada empresa, precisa encantar o recrutador ao falar, fazer com que ele veja em você o desejo de fazer parte daquela equipe, além disso, que você quer vestir a camisa e entregar resultados.

Em vez de ele dizer que precisava logo de um trabalho, poderia mudar o jeito e falar da seguinte forma:

– Eu estou procurando emprego, tenho experiência e busco uma oportunidade na sua empresa porque entendo como sua empresa vem crescendo, e tenho conhecimentos e experiências que podem contribuir com esse desenvolvimento.

Para conquistar uma oportunidade, você precisa dizer algo impactante, que faça os olhos do recrutador brilharem, fazendo-o entender seus valores e perceber que aquela empresa é única para você.

Você precisa elogiar a empresa, pois isso ajuda a demonstrar seu interesse em fazer parte daquela equipe, e tornar aquele momento único e encantador por meio de palavras que possam demonstrar seu diferencial.

Após terminar a entrevista, você pode mandar uma carta de agradecimento ou enviar um e-mail, demonstrando gratidão por ele ou ela ter lhe concedido a oportunidade de passar pelo processo seletivo.

10

REDAÇÃO: APRESENTAÇÃO PESSOAL

Algumas empresas, geralmente, pedem para você redigir um breve texto falando sobre você.

Esse é um texto aberto, no qual você poderá dizer o que quiser.

Já fiz entrevistas em que me deram um papel com 30 linhas e uma caneta para preenchê-lo como eu desejasse. Não é necessário preencher todas as linhas, mas é importante que você mencione assuntos bem interessantes sobre sua carreira, algo que venha a chamar a atenção do recrutador, para que você possa ficar entre os indicados por causa desse texto. O tema era: **"Quem sou Eu"**.

Por meio desse tema, você precisa elaborar uma boa escrita que demonstre suas habilidades, os bons resultados que obteve para se destacar.

Veja a seguir um exemplo que elaborei para que você tenha uma ideia.

Quem Sou Eu

Em toda minha vida, tentei me distinguir das demais pessoas, busquei fazer algo diferente para me destacar e ser lembrado por elas na escola, nas amizades, nas empresas, na família etc.

Não me satisfaz fazer o que as pessoas costumam fazer, falar o que elas costumam falar e ser apenas aquilo que elas são. Portanto, gostava e gosto de fazer algo a elas, o qual me fizesse ser lembrado, em que eu pudesse entregar um momento de alegria e diferenciado a cada uma que passasse pela minha vida.

Entregar valores às pessoas é tudo que me traz satisfação, é um momento único poder tirar um sorriso delas e fazer aquele instante se tornar agradável.

Busco imaginar uma nova maneira de fazer as coisas, na qual seja possível estabelecer melhores meios de realização de determinado trabalho, buscando maior eficiência e menos tempo para finalizá-lo, aprimorando e ampliando meu trabalho, facilitando-o para entregar um resultado positivo.

Sou uma pessoa que tem facilidade de aprendizado, tenho capacidade de absorver rapidamente as informações, e com bastante domínio de trabalho com prazos definidos e sobre pressão.

Trabalho com ética e determinação. Tenho boa inteligência emocional para lidar com os fatos do dia a dia, favoráveis ou não. Sou uma pessoa bem calma, organizada e perfeccionista em busca de realização de um trabalho coerente conforme a missão, a visão e os valores da empresa.

Meu objetivo é ser destaque nesta empresa, buscando competitividade comigo mesmo, demonstrando que cada dia posso ser melhor e entregar cada vez mais resultados, podendo me desenvolver e contribuir com todos os envolvidos: clientes, fornecedores, colaboradores, entre outros.

11
ONDE BUSCAR EMPREGO?

    O emprego pode ser encontrado na Associação Comercial de cada cidade, no Sistema Nacional de Emprego (Sine), nos sites de emprego, sendo a Catho etc.

    Faça uma conta para você no LinkedIn, pois é uma rede social profissional. Siga as empresas, os profissionais de recursos humanos, pois sempre há vagas sendo postadas lá.

Você pode também cadastrar seu currículo no próprio site das empresas e deixá-lo também, na própria empresa, com o responsável pela contratação.

Observação: jamais deixe o currículo nas mãos de outra pessoa, pelo fato de que, assim, o recrutador não terá contato com você, e isso poderá diminuir suas chances de ser escolhido para uma entrevista. O ideal é deixar com o responsável pela contratação, pois por meio de um breve contato, ele poderá identificar em você o candidato certo para uma vaga que possa surgir.

12

ENTENDA SOBRE A CULTURA ORGANIZACIONAL

Antes de ter interesse em trabalhar em uma empresa, você precisa, primeiramente, conhecer sua cultura organizacional. De fato, é o modo como ela trabalha, quais são suas crenças, o que faz essa empresa atingir o êxito e perceber se os valores dela estão alinhados com os seus, para ter em mente se essa empresa seria a ideal para você trabalhar.

O que acontece, muitas vezes, é que as pessoas apenas deixam currículo nas empresas sem conhecê-las antes. Depois de certo tempo, conseguem entrar nelas, mas infelizmente acontecem coisas lá dentro que não condizem com aquilo que era esperado ou não era aquilo que desejavam. Por isso é preciso entender um pouco sobre seus trabalhos, sua cultura, os comportamentos, a maneira que é feito o feedback, as reuniões, os problemas que a empresa vem enfrentando, para que não haja arrependimentos.

No caso de você estar cursando graduação, técnico, pós-graduação ou algum outro tipo de curso, não esqueça que, na entrevista, poderá ser perguntado o porquê da escolha desse curso que está fazendo ou que tenha concluído. É preciso que saiba explicar também o que esse curso está lhe agregando, se está sendo relevante, para que o recrutador conheça o grau de aproveitamento desse aprendizado. Portanto, é bom que saiba claramente o motivo que o levou a estudar e optar por essa decisão, pois se acaso for perguntado, você consiga ser bem claro e possa deixar uma boa impressão.

13

DICAS PARA CONSEGUIR EMPREGO SEM TER EXPERIÊNCIA

13.1 DEMONSTRE SUAS HABILIDADES, SEU POTENCIAL

Muitas vezes, no momento da entrevista, são feitas perguntas para as quais você pode não estar preparado para responder adequadamente, conforme o recrutador deseja ouvir. Todavia, em muitos casos, ele não busca somente pessoas que tenham experiência para determinada vaga, mas alguém que tenha um potencial, que venha a contribuir com os bons resultados da empresa.

Exemplo: Vamos supor que a vaga na empresa é para trabalhar com vendas. Então, demonstre que você é uma pessoa comunicativa, tem bom relacionamento interpessoal, que trabalha bem com pessoas, tem facilidade de persuasão, qualidades que um vendedor precisa ter. Assim, você não necessita ter experiência em vendas, mas demonstrar que possui todas as características de um bom profissional dessa área, com isso, poderá conquistar sua vaga. Não se esqueça, não é necessário ter experiência e sim potencial para assumir a vaga.

13.2 ACEITE A VAGA QUE A EMPRESA LHE OFERECER, COMECE POR BAIXO

A grande realidade de muitos, na verdade, é que eles desejam já entrar numa empresa e atuar em um cargo elevado, no qual se identificam mais, que possui um salário melhor etc. O grande problema está nesse pensamento, de querer já entrar no cargo melhor, isso poderá não acontecer. Quando a empresa lhe oferecer uma vaga de office-boy, por exemplo, e você não se identificar com esse tipo de serviço, mesmo assim, aceite essa vaga, pois poderá atuar nesse cargo, fazer o seu melhor lá dentro e numa próxima oportunidade ser remanejado para outra área com que mais se identifica.

Você precisa entender que, em todo momento, estará sendo observado na empresa. Mesmo que esteja fazendo um trabalho que não seja agradável, faça sempre o seu melhor e entregue resultados, pois assim terá grandes possibilidades de receber propostas melhores por causa de seu potencial e receber a oportunidade de trabalhar naquela vaga que tanto deseja.

13.3 FAÇA VÁRIOS CURSOS E PARTICIPE DE PALESTRAS

Fazer cursos demonstra um grande diferencial, pois isso mostra que você está em busca de conhecimentos, que deseja aprender sobre alguns assuntos em diversas áreas, com intuito de progressão.

Dizer que não tem dinheiro não é desculpa, pelo fato de que, na internet, há vários cursos on-line, gratuitos e com certificados. Você poderá fazer cursos e colocá-los no seu currículo após concluí-los, pois isso contribui para ser convocado para a entrevista.

Participar de palestras também é significativo, pois isso mostra que você está à procura de novos aprendizados e experiências. Então, participe do maior número de palestras possíveis e, na entrevista, diga o que esses cursos e palestras de que participou trouxeram de bom na sua vida, os conceitos relevantes. Destaque o crescimento que esses conhecimentos atribuíram a você, para sua carreira, para que assim seja mais bem visto pelo recrutador.

13.4 ENTENDA O CARGO

Quando for chamado para ser entrevistado numa empresa, você precisa saber para qual cargo a empresa está lhe concedendo a oportunidade.

É importante que saiba falar sobre esse cargo, tenha um conhecimento e demonstre que tem habilidades para assumir aquela responsabilidade.

Se for para a entrevista sem saber nada sobre essa vaga, poderá ser perguntado no momento o que você entende sobre ela. Se não souber falar nada, está claro que não tem conhecimento dessa área e isso poderá influenciar negativamente, fazendo-o perder essa oportunidade.

Exemplo: Se for para trabalhar com atendimento, saiba falar sobre essa área, tenha conhecimento a fundo desse conceito. Quando demonstrar que entende desse assunto, que tem afinidade, o recrutador poderá imaginar que você tem aptidão para essa função por meio de seus conhecimentos e familiaridade com esse trabalho.

Se for para trabalhar com financeiro, traga alguma experiência para falar sobre essa área, desenvolva um bom argumento e, assim, terá grandes possibilidades de conquistar a vaga que deseja.

13.5 CUIDADOS COM AS REDES SOCIAIS

É extremamente importante se atentar com as redes sociais, pois elas podem falar muito a seu respeito e, consequentemente, poderão impactar sua imagem positiva ou negativamente diante daquilo que você escreve e posta.

Muitos profissionais, os responsáveis por recrutamento e seleção, buscam pessoas pelas redes sociais, aquelas que possam ter um perfil adequado para a vaga de que a empresa esteja precisando.

Se você é uma daquelas pessoas que postam somente coisas relacionadas a festas, baladas, bebidas ou algo sem relevância profissional, estará perdendo a chance de ser convocado para uma entrevista.

Do contrário, se você costuma postar algo relacionado à carreira, à superação ou a coisas profissionais, que tenham grande relevância perante o mercado, terá grandes possibilidades de conquistar a oportunidade de ser selecionado para a vaga desejada.

13.6 CONQUISTE A VAGA COM POUCA OU SEM EXPERIÊNCIA

Na grande maioria das empresas, é exigido do candidato que tenha experiência para atuar no cargo. Muitas vezes, exige-se muita experiência, que acredito ser desnecessária, já que logo você aprenderá a operar dentro daquele cargo, se tiver oportunidade de trabalhar ali.

Vou dar uma dica para conquistar uma vaga, mesmo que não tenha experiência naquele setor ou tenha pouco conhecimento.

13.6.1 Candidato sem experiência

Se você não tiver experiência na área, poderá demonstrar que tem habilidades para aquele trabalho que irá desempenhar.

Exemplo: se for trabalhar com atendimento, poderá mencionar que você é calmo para lidar com pessoas, que possui boa comunicação etc.

Se for trabalhar com financeiro, diga que possui uma capacidade analítica de dados, ou seja, tem uma visão muito boa para trabalhar com números, elaboração de planilhas, é observador para lidar com gráficos e mínimos detalhes.

13.6.2 Candidato com alguma experiência

Algumas empresas buscam pessoas que tenham mais vivência em determinada área e, quando verificam os currículos, por exemplo, percebem que há um candidato que tem 15 anos nessa área e, com isso, ficam encantadas com aquele currículo. Porém, recrutadores não conseguem olhar com outros olhos a oportunidade que podem estar perdendo por não contratar aquele que possui menos anos de experiência. Mas como assim? Vou explicar a seguir.

Vou dar um exemplo do setor financeiro: chegam dois currículos à empresa, em um deles a pessoa possui 15 anos de experiência na área financeira, no outro, possui cinco anos de experiência.

Contudo, aquele que tem 15 anos na área financeira talvez tenha trabalhado todo esse tempo na mesma empresa, exercendo a mesma função e nem tenha recebido oportunidade de crescimento. Então esse colaborador, mesmo tendo ficado 15 anos na área, possui somente um conhecimento dela.

Aquele colaborador que possui cinco anos na área, talvez, pode ter trabalhado em duas ou mais empresas diferentes, pode ter atuado realizando tarefas diversas dentro do setor, como na realização de gráficos, na geração de boletos, em cobrança, pode ter realizado projetos de melhorias etc. Então, mesmo tendo menos anos de experiência, esse candidato, por sua vez, possui mais habilidades por ter realizado tarefas distintas e ter aprendido com cada uma delas.

Portanto, mesmo que você tenha menos anos de experiência, demonstre seus valores, suas habilidades e os resultados que trouxe com a realização de seus trabalhos. Mostre que tem o perfil para aquele trabalho, que tem facilidade e uma visão mais aguçada para desempenhar aquela função.

> O tempo não pode ser o fator mais significativo e sim os seus valores e habilidades

14

CONCEITOS QUE DEVEM SER PENSADOS ANTES DE IR PARA A ENTREVISTA

14.1 ROUPA ADEQUADA PARA UMA ENTREVISTA

A roupa é um grande detalhe a ser pensado antes de sair de casa com o intuito de participar de um processo seletivo, pois ela poderá representar sua imagem.

O marketing pessoal é a forma como você apresenta sua imagem à sociedade e aos demais. Isso diz muito a seu respeito, portanto, devemos nos preocupar com a maneira como nos vestirmos antes de sair de casa.

Para chamar a atenção do recrutador, seria interessante você usar uma roupa parecida com a utilizada pelas pessoas da empresa onde irá fazer a entrevista.

Um vendedor, por exemplo, antes de vender qualquer produto ou serviço precisa, primeiramente, vender sua imagem. Pense neste contexto: se você vai comprar algum produto, alimento ou qualquer outra coisa, e a pessoa que vai vender para você estiver de sapato social, brilhando, calça social, terno e gravata, ou seja, a roupa dela tiver uma boa aparência, será bem provável que você possa efetuar a compra, caso tenha interesse no produto que ela estiver vendendo.

Do contrário, aquele vendedor que o aborda com chinelo, um short qualquer ou calça jeans, uma camiseta estranha, cabelo despenteado ou usando boné, você terá uma imagem dessa pessoa, talvez, não muito agradável e, por ter essa impressão, provavelmente seja resistente a querer comprar seu produto. Isso mostra como a imagem fala muito sobre a pessoa.

Então, quando for a uma entrevista de emprego, para homens, use sapatos e camisa social, a calça pode ser um jeans ou social também. Não se esqueça, igualmente, para que seja possível ter maior probabilidade de conseguir seu emprego, você deve estar de barba feita, cabelo bem penteado e não usar boné. Outro ponto que pode influenciar é o uso de correntes, colar, tatuagens e brincos. Portanto, evite esses tipos de acessórios no momento da entrevista. No caso da tatuagem, coloque uma roupa que possa escondê-la. Assim, terá maiores chances de passar na entrevista e adquirir a vaga tão sonhada. Você deve evitar roupas com cores muito chamativas também, por exemplo, amarelo, laranja, roxo etc. O ideal seriam peças pretas mais básicas ou brancas.

No caso de mulheres, podem ser usados: sapatos com salto baixo, calça jeans ou social, blusa social, de preferência, ou vestido não muito curto. A mulher deve prender o cabelo para evitar que ele fique caindo no rosto, a fim de que não atrapalhe.

Mulheres também devem evitar o uso de correntes, colares e caso tenha tatuagem, usar uma roupa que possa escondê-la.

São pequenos detalhes que falam muito sobre você, por isso, atente-se a esses conceitos para que não venha passar uma imagem negativa no momento do processo seletivo.

14.2 TENHA CONHECIMENTO DA EMPRESA EM QUE DESEJA ATUAR

Toda vez que for selecionado para participar de um processo seletivo, estude a empresa antes, conheça aquilo com que ela trabalha, qual a sua importância na sociedade, saiba um pouco sua história, tudo o que ela produz, o que fabrica, o tipo de trabalho que oferece, se é multinacional ou apenas nacional etc.

Estude bastante sobre a empresa antes da entrevista, pois os recrutadores costumam perguntar sobre o que você entende da empresa na qual deseja atuar.

14.3 SAIBA EXPLICAR TUDO QUE ESTÁ NO SEU CURRÍCULO

Algumas vezes pode acontecer de você colocar algo no currículo que, na verdade, nem entende muito o seu significado, isso poderia fazê-lo perder a oportunidade de conquistar a vaga se não souber esclarecer, de certa forma, tudo que for perguntado no momento da entrevista. Por exemplo: a pessoa coloca no currículo que fez curso de vendas e, no momento da entrevista, o recrutador percebe que ela fez esse curso e resolve perguntar:

– Estou vendo aqui que você realizou um curso de vendas, então me diga o que você entende sobre essa área.

Nesse momento, a pessoa deverá estar muito bem preparada para essa resposta. Caso contrário, poderá deixar um vazio na mente do recrutador, levando-o a pensar que ela não entende nada sobre esse assunto, que apenas mencionou um conceito falso ou que fez o curso, mas não teve a capacidade de compreender o tema.

Portanto, saiba explicar tudo, tudo mesmo: os cursos de que participou, todas as palestras mencionadas, os trabalhos voluntários, bem como todos os conteúdos que estiverem lá escritos, para que não haja constrangimento e você não deixe dúvidas.

14.4 CHEGAR ATRASADO À EMPRESA

Assim que tiver em mente a empresa na qual será realizada a entrevista, busque conhecer onde ela está localizada, como você chegará até ela, estude o trajeto mais fácil para percorrer, se for de carro. No caso de ônibus, precisa saber os horários das rotas, se o ponto de parada está localizado perto desse destino e quanto tempo você poderá levar para chegar a esse devido lugar para que, assim, possa se programar e chegar no horário esperado. O ideal seria chegar ao menos uns 15 minutos antes do horário combinado, para que você possa demonstrar ser uma pessoa pontual. Caso ocorra algum problema que possa atrasá-lo, ligue para falar com o responsável e avise o motivo de seu atraso, assim você poderá ficar mais tranquilo, sabendo que o recrutador já está ciente desse fato.

Se chegar atrasado, tenha uma boa explicação para esse acontecimento para não influenciar sua pontualidade. Diga, por exemplo, que o ônibus atrasou ou algo inesperado surgiu no caminho, impedindo-o de chegar no horário estabelecido.

15

CONCEITOS QUE DEVEM ESTAR CLAROS NO MOMENTO DA ENTREVISTA

15.1 CUIDADO COM AS GÍRIAS

Muitas vezes, em uma entrevista de emprego, pensamos que simplesmente pelo fato de estarmos participando do processo seletivo, dizer algumas palavras bonitas será o suficiente para encantar o recrutador e conseguir a vaga tão esperada. É nesse momento que as pessoas se enganam, pois de nada adianta falar de forma bonita ou as melhores palavras se, no mesmo instante, você está dizendo algo desagradável na percepção de quem o entrevista. Portanto, devemos evitar gírias e buscar falar as palavras corretamente, por exemplo: em vez de falar "É MEMU", devemos dizer "É MESMO"; em vez de "COM NÓS", dizer "CONOSCO" ou "COM A GENTE", entre outras.

Devemos ter em mente esse conceito, focando a excelência na comunicação, pois é a partir de sua comunicação que você poderá conseguir a vaga tão almejada.

Caso sua forma de se expressar seja falha, você poderá perder a oportunidade que tanto sonha pelo simples fato de dizer algumas palavras de maneira incoerente.

15.2 OLHAR FIXAMENTE NOS OLHOS PASSA BOA IMPRESSÃO

Ao mencionar qualquer palavra ao recrutador, será necessário olhar fixamente nos olhos dele por alguns instantes, pois o olhar demonstra segurança, confiança e conhecimento naquilo que você está falando. Se ficar olhando para os lados no momento de falar, olhando para baixo ou não olhar nos olhos, isso demonstra medo, insegurança ou dá a impressão de que você está mentindo. Portanto, olhe nos olhos ao falar, tenha em mente aquilo que vai dizer para não ficar gaguejando e, com isso, passar uma boa impressão. Assim, com esses conceitos, terá uma possibilidade maior de conquistar sua vaga.

15.3 GESTOS VERBAIS

Tome cuidado com os gestos: evite abraçar, beijar no rosto e ficar tendo contato com o recrutador, pois ele pode não gostar de muita intimidade.

O mais correto, ao chegar à sala da entrevista, é cumprimentar apenas com um aperto de mãos, dizer bom dia ou boa tarde, se for o caso. Isso já é o suficiente para demonstrar sua educação.

Evite fazer muitos gestos com as mãos ao falar. Você pode pôr suas mãos sobre a mesa no momento da fala, pois muitos movimentos podem representar algo não muito agradável à sua imagem perante a pessoa que o entrevista. Muitos movimentos com as mãos e com o corpo podem indicar ansiedade, desconhecimento, dificuldades na sua fala, entre outros. Faça poucos movimentos, apenas os que condizem com suas falas; também cuidado para não repetir as mesmas palavras várias vezes.

15.4 A EXCELÊNCIA NA COMUNICAÇÃO

Você deve estar sempre preparado para as perguntas que surgirem no momento da entrevista, pois elas poderão impactar significativamente na sua colocação perante os outros candidatos. Saber se expressar adequadamente poderá ser muito relevante na conquista da vaga. Acontece que, muitas vezes, o recrutador pergunta algo e o candidato começa a gaguejar demais, demora um tempo para responder e isso acaba gerando impactos negativos em quem o entrevista. Portanto, saiba se comunicar, mantendo a calma, expresse conceitos relevantes com bastante objetividade e clareza, pois assim demonstrará confiança na fala e, com isso, poderá ter a oportunidade de se enquadrar no quesito que o recrutador está buscando e conquistar o emprego que tanto almeja.

As empresas, em sua maioria, estão buscando pessoas que saibam se comunicar com excelência. Logo no momento da entrevista, os recrutadores já percebem seu poder de comunicação. Caso você tenha o dom de falar muito bem, terá grandes possibilidades de passar pelo processo seletivo.

Tome cuidado com a tonalidade da voz: você não deve falar muito alto, pois falar alto gera desconforto a quem o escuta, nem fale muito baixo, porque o baixo faz a pessoa ter de se esforçar para entendê-lo. É preciso ter um equilíbrio na voz para facilitar o entendimento, para que haja clareza e suavidade ao recrutador.

15.5 NUNCA FALAR DE SALÁRIO NA ENTREVISTA

Um assunto desagradável ao ser mencionado é falar de salário, pois isso demonstra apenas interesse pelo que irá receber da empresa. Então, quando o recrutador perguntar o quanto você deseja receber, poderia responder da seguinte maneira:

– Eu gostaria, antes de falar desse assunto, saber a respeito das funções que vou exercer na empresa, se eu for selecionado nesse processo. Assim, poderia entender um pouco mais a respeito das minhas atividades e, com o andamento desse processo, poderemos discutir mais adiante a respeito do salário, se possível.

Mas se o recrutador insistir nisso, você terá de saber o valor pago pelo mercado para que, assim, possa pedir um salário que seja agradável tanto para empresa quanto para você.

Dessa forma, você deverá saber o valor de mercado, pois se pedir pouco estará desmerecendo seu trabalho, mas se pedir muito a empresa poderá não o contratar.

Então, precisa ter clareza de quanto o mercado paga para uma pessoa que tenha o mesmo grau de instrução que você, exercendo a mesma função numa empresa de igual porte, assim poderá ofertar um salário que seja equivalente e viável para empresa e justo para você.

15.6 DEMONSTRE INTERESSE PELA EMPRESA EM QUE DESEJA ATUAR

Quando desejar trabalhar em alguma empresa, demonstre seu interesse por ela, pois assim poderá ter uma chance muito maior de conquistar sua vaga.

Fale que deseja trabalhar na empresa porque ela vem crescendo muito, tem uma boa imagem na sociedade, desenvolve grandes projetos que beneficiam diversas pessoas, entre outros. Diga algo que possa fazer o recrutador pensar que você conhece a fundo os trabalhos que a empresa desenvolve; que você entende que é ali que quer atuar para poder crescer juntamente a ela.

15.7 DEMONSTRE SEU DIFERENCIAL

Para que seja possível ser notado na entrevista, ser mais visado que os outros, chamar mais a atenção do recrutador, você precisa demonstrar um diferencial.

Esse diferencial pode se dar na forma de se comunicar, ao olhar fixamente nos olhos do recrutador, ao demonstrar capacidade de trabalhar em equipe e bom relacionamento; mostre ser uma pessoa observadora, criativa e que possui um grau elevado de profissionalismo.

Você pode contar sobre algum trabalho que tenha desenvolvido nas empresas anteriores, na escola ou na faculdade, no qual teve um bom resultado. Tenha uma visão de empreendedor e encontre uma forma de fazer o recrutador acreditar em suas habilidades, mostrando-lhe que você trará bons resultados se conseguir a vaga. Esses fatores poderão ajudar muito na sua colocação e, assim, poderá deixá-lo um passo à frente de seus concorrentes.

15.8 SEJA PROATIVO

Ser proativo demonstra segurança, confiança, que você vai ter capacidade de tomar a frente e ser o primeiro a fazer determinada coisa ou falar algo.

Por exemplo, no momento em que o recrutador diz:

– Quero que todos vocês aqui nesta sala me falem o nome, seus pontos fortes e fracos, e por que escolheram esta empresa para trabalhar. Alguém se habilita a começar?

Quando o recrutador conceder a oportunidade aos candidatos, tente ser o primeiro, se possível, pois isso demonstra que você teve a capacidade de ser ousado, competente, com raciocínio rápido para lidar com o inesperado. Você chamou a responsabilidade de falar enquanto os outros ficaram parados pensando no que iam dizer. Isso também é um grande diferencial.

15.9 NÃO MENCIONAR EXAGERADAMENTE SUA VIDA PESSOAL

Nas entrevistas, muitas vezes o recrutador pede para que o entrevistado fale sobre sua vida pessoal, pois sua intenção é conhecê-lo um pouco melhor.

É preciso falar apenas aquilo que seja relevante, que possa fazer o recrutador entender, de maneira clara, que você faz algo que realmente demonstre seus valores, habilidades, conhecimentos etc.

Então, tome muito cuidado com aquilo que vai falar nesse momento. Não seria agradável falar sobre problemas familiares, financeiros, conflitos, entre outros.

Jamais se faça de coitado na entrevista, porque isso não ajudará em nada, pelo contrário, você poderá comprometer sua vaga, fazendo-o perder essa oportunidade. Os recrutadores não querem saber seus problemas pessoais, apenas desejam ter um breve conhecimento de sua vida e suas competências.

15.10 CUIDADOS COM O CELULAR

Ao entrar na sala, seu celular deve estar desligado ou no silencioso para evitar problemas. Caso você se esqueça de desligá-lo e, no momento da entrevista, alguém ligar para você, primeiramente, peça desculpas, isso demonstrará sua educação, e seja rápido, cancele a chamada, retornando seu celular ao seu devido lugar. Jamais atenda a uma chamada em uma entrevista de emprego, isso pode custar sua vaga.

16

DINÂMICA DE GRUPO

Em uma dinâmica, são percebidos seus valores, seu comportamento, seu modo de agir perante determinada situação, seu trabalho em equipe e sua flexibilidade. Em meio a tanta gente, você precisa manter um equilíbrio emocional constante, ter uma tranquilidade para não perder a razão e não deixar que a raiva o domine.

Portanto, é preciso se atentar à maneira como vai lidar com as pessoas que estão nesse mesmo processo, na busca do mesmo objetivo que você. Então, veja alguns comportamentos, dicas, alguns fatores que serão relevantes na dinâmica que poderão fazer você ter destaque.

Saiba se comunicar em uma dinâmica, tenha espírito de liderança, ética, demonstre interesse na busca dos melhores resultados e aponte os pontos que serão necessários para obtê-los, saiba ouvir, seja assertivo, ou seja, saiba conversar de maneira correta para não denegrir o psicológico do pessoal no grupo. Se houver conflitos, busque um consenso, o acordo de ideias, na busca do melhor meio a ser trabalhado para atingir o resultado esperado. Seja proativo, tenha iniciativa diante dos trabalhos, saiba respeitar o próximo, tenha uma visão holística, ou seja, visão do todo, pois assim será possível perceber quais os melhores caminhos para a obtenção dos resultados esperados.

17

PERGUNTAS MAIS FREQUENTES FEITAS PELOS RECRUTADORES NO PROCESSO SELETIVO

Aqui verá também alguns exemplos de respostas que você poderá dar para obter sucesso na entrevista e conquistar a vaga tão sonhada.

17.1 Por que você escolheu esta empresa para trabalhar?

Exemplos de respostas:

Escolhi esta empresa, pois ela vem crescendo muito nos últimos anos, está desenvolvendo um excelente trabalho, é uma empresa que é muito bem-vista pela sociedade, tem uma boa imagem perante as pessoas e acredito ter qualidades que venham a contribuir ainda mais com esse bom desempenho.

Escolhi esta empresa por entender sua grande importância no mercado, por ter uma visão voltada a beneficiar pessoas, empresas, funcionários, famílias por meio de seus projetos, os quais contribuem de maneira significativa para o desenvolvimento da sociedade.

Escolhi esta empresa, pois percebi que ela possui seus valores alinhados aos meus, entendendo sua importância no mercado, pois visa contribuir com o bem-estar dos clientes, proporcionando conforto e satisfação a todos, com muito profissionalismo e ética, por meio de seus produtos que atendem às necessidades dos consumidores.

17.2 Qual a importância da empresa na sociedade?

Você precisa saber algo que a empresa represente na sociedade, que contribua com o crescimento e seu desenvolvimento, se faz algum tipo de trabalho que seja relevante para o ambiente, sociedade, família etc.

Precisa, então, entender qual o trabalho que essa empresa exerce e qual seu impacto na sociedade. Tenha em mente se a empresa tem responsabilidade social, desenvolve projetos voltados ao meio ambiente na redução da poluição, descarte de lixo adequado, saiba dos trabalhos que faz para o desenvolvimento dos colaboradores, trabalhos voluntários, se faz doações a entidades carentes etc.

17.3 Quais são seus pontos fortes?

Existem vários pontos fortes que podem ser mencionados. Poderá ressaltar aqueles com os quais você tem maior afinidade, senão, pode citar alguns destes listados.

Pontos fortes:

Sou competitivo, trabalho com ética, sou dinâmico, assertivo, dedicado, flexível, criativo, comprometido, extrovertido. Tenho espírito de liderança, pensamento sempre positivo, excelência no atendimento, boa comunicação, bom relacionamento interpessoal. Sou organizado, proativo, tenho facilidade de aprendizado e para trabalhar em equipes, tenho uma visão holística, o que permite desenvolver um trabalho com produtividade e excelência.

Busco manter as conexões interligadas, alinhar a comunicação no trabalho para a obtenção de melhores resultados. Estou sempre em busca de novos desafios e tenho um sentimento de realização ao cumprir metas. Meu ponto forte é a competitividade, não para competir com as pessoas, mas comigo mesmo, na busca de ser cada vez mais eficiente em meu trabalho, entregando maiores resultados ao longo da carreira.

17.4 Quais são seus pontos fracos?

Os pontos fracos podem ser falados, mas de forma que você diga que está trabalhando para não deixar que eles atrapalhem sua produtividade.

Alguns deles: insegurança, timidez, dificuldades para falar em público, falta de planejamento na administração do tempo, ansiedade e perfeccionismo.

Exemplo de resposta para o perfeccionismo:

> *Meu ponto fraco é o perfeccionismo, pois há o lado bom e ruim ao mesmo tempo. O lado bom é que gosto de fazer as coisas de maneira muito perfeita e diferenciada. O lado ruim é que, às vezes, sem que eu perceba, acabo perdendo muito tempo com um trabalho que não tem necessidade de ser tão perfeito, podendo impactar em outro que venha a ser mais importante. Poderia estar adiantando esse outro, mas, com isso, posso atrasá-lo. Mas venho trabalhando há algum tempo esse lado negativo para extrair somente o lado bom, não deixando a parte ruim influenciar na minha produtividade. Trabalho esses pontos a cada dia, focando melhorias, podendo atribuir valores e contribuir com eficiência e maior produtividade para o desenvolvimento dos trabalhos realizados.*

17.5 Quais são suas pretensões para daqui a cinco anos?

Se você deseja tanto conseguir aquela vaga sonhada, será preciso responder a essa pergunta demonstrando alinhamento com o cargo.

Por exemplo: se está concorrendo a um cargo no setor financeiro, pode dizer que pretende estar formado na faculdade, concluir pós-graduação e alguns cursos profissionalizantes relacionados a essa área de atuação.

Mostre interesse pelo cargo, demostrando que deseja obter resultado profissional, sentimento de realização e pretende atuar em um cargo mais elevado no qual se identifique, além de desenvolver trabalhos que venham a contribuir com o desempenho da empresa.

Muitas empresas valorizam bastante um curso de idioma, portanto, para que possa passar uma imagem positiva, poderá dizer também que, daqui a cinco anos, pretende ter fluência em algum idioma: inglês, espanhol etc.

17.6 O que você entende sobre vendas?

Trabalhar com vendas não se refere apenas a querer vender, mas também entender e satisfazer as necessidades dos clientes. Muitas vezes, o cliente vai até a empresa comprar, mas não tem total clareza do produto ou serviço que seja melhor para atender a suas necessidades. Desse modo, o vendedor, com seus conhecimentos e suas experiências, deve estar apto para demonstrar todos os benefícios advindos de cada produto que poderá beneficiar o comprador. Trabalhar com vendas é vender sua imagem primeiramente, estreitar o relacionamento com o cliente e criar empatia com ele, isso, por sua vez, poderá fazer você efetivar uma venda e, consequentemente, fidelizar o cliente por meio de sua satisfação com a compra certa.

17.7 Quem sou eu? (Apresentação pessoal)

Exemplos de respostas:

Sou uma pessoa que tenta se destacar ao longo da vida. Tanto na carreira pessoal quanto na profissional, busco um diferencial que me permita ser bem aceito e lembrado pelas pessoas. Tenho o hábito de leitura, o que me permite adquirir grandes conhecimentos e experiências. Faço diversos cursos em várias áreas para ter um conhecimento holístico, ou seja, para aprender de tudo um pouco. Estudo bastante, com o intuito de aprender algo novo a cada dia, podendo assim entregar o meu melhor no trabalho, procurando a excelência e a produtividade e, dessa forma, contribuir com o bom desempenho da empresa.

Sou uma pessoa que possui grandes sonhos, por isso, venho me capacitando da melhor maneira possível para que, assim, seja possível a realização dos meus objetivos.

17.8 O que você busca nesta empresa? (Expectativas perante a empresa)

Exemplos de respostas:

Não estou apenas à procura de um emprego, mas também de qualificação profissional, visando a meu desenvolvimento, experiências e valores para minha carreira. Consequentemente, poderei contribuir com o crescimento da empresa e ser destaque no mercado, pois percebi que meus valores estão alinhados aos reais valores da empresa.

Busco reconhecimento, realização profissional e pessoal, oportunidade de crescimento, desenvolver trabalhos em equipe, encarar desafios, correr riscos e cumprir metas. Desejo entender e compreender a filosofia da empresa, a fim de desenvolver métodos que possam beneficiar e contribuir com seu bom desempenho e visão perante o mercado.

17.9 Fale um pouco sobre sua carreira pessoal e profissional

Pessoal:

Durante a semana, estudo e leio livros, gosto de assistir a filmes e estar em busca de novos conhecimentos, podendo assim agregar mais valores à minha carreira pessoal e profissional. Duas vezes por semana, pratico esportes para descontrair e manter a mente relaxada. Encontro com amigos no cotidiano para discutirmos ideias sobre o dia e falar sobre o futuro, carreira, entre outros.

Profissional:

> *Em toda minha vida, busquei um diferencial em que me destacasse dos demais, podendo ser reconhecido pelo meu trabalho e, assim, crescer profissionalmente para poder atribuir mais valores para a empresa. Antes que me peçam para fazer algo, já imagino aquele trabalho sendo feito, vou lá e realizo para evitar que as pessoas fiquem pedindo. Se alguma função não apresenta possibilidades de realizá-la de forma diferente, eu tento fazer com a maior excelência, para entregar um pouco a mais.*

17.10 Qual foi a decisão mais difícil que você tomou até hoje?

Trata-se de uma resposta pessoal. Nesse caso, você deve mencionar um fato ocorrido em sua vida em que teve de fazer uma escolha difícil, a qual poderia ser boa e trazer benefícios para sua carreira ou para empresa. Mas, ao mesmo tempo, poderia ser arriscada e não trazer tanto quanto você esperava em relação a suas expectativas. Fale dessa decisão, como resolveu essa situação e o resultado que lhe trouxe por meio de seu trabalho.

17.11 Você é capaz de trabalhar sob pressão e com prazos definidos?

Exemplos de respostas:

> *Sim, pois encaro isso como um desafio, uma nova oportunidade que permita me desenvolver. Posso me capacitar cada dia mais por meio das metas impostas no decorrer do mês, buscando a excelência no dia a dia, cumprindo, assim, os prazos, concluindo-os perante os trabalhos delegados à minha função.*

> *Vejo isso como uma oportunidade de realização, podendo estar cumprindo metas e entregar resultados.*

17.12 Por que devo contratar você e não seu colega ao lado?

Exemplos de respostas:

Você deve me contratar devido às habilidades que me fazem ser um diferencial. Tenho uma visão holística, excelência em atendimento, boa comunicação e bom relacionamento interpessoal, que são as qualidades que acredito ser fundamentais para melhor representar a empresa no mercado.

Gosto de encontrar soluções para resolver todas as incoerências ocorridas no decorrer da trajetória. Quando surge um problema dentro da empresa, não fico buscando a origem dele, como muitos fazem. Eu procuro imediatamente a solução para que seja possível obter sucesso, não deixando que nenhum problema venha a atrapalhar o andamento do trabalho.

17.13 Por que não devo contratá-lo?

Exemplo de resposta:

Você não deve me contratar, pois não tenho tanta experiência no setor em que vou atuar e talvez não consiga trazer os resultados esperados em curto prazo. Mas sou uma pessoa que busca conhecimento constantemente, estou sempre aprendendo algo novo e me capacitando ao lado de grandes profissionais. Por isso, acredito que, em curto período, terei a capacidade de me desenvolver diante do cargo em que vou atuar e, assim, conseguir trazer os melhores resultados.

17.14 O que você costuma fazer em seu tempo livre?

Exemplo de resposta:

No meu tempo livre, procuro sempre algo interessante para fazer, que me traga a sensação de ser útil para as pessoas, que possa beneficiá-las por meio do meu trabalho, pois gosto muito de servir. Não me contento em fazer um trabalho qualquer, só consigo me sentir realizado quando percebo que meu trabalho foi realmente suficiente para trazer a satisfação total de que a pessoa estava precisando.

17.15 Conte-me algo bom e ruim da última empresa em que trabalhou

Exemplo de resposta:

> *O bom é que pude extrair muita experiência, conhecimento, me possibilitou novas amizades, o que, por sua vez, permitiu que eu me capacitasse e, assim, me tornasse um profissional mais preparado para o mercado. O lado ruim é que não tinha oportunidade de crescimento, desenvolvimento e progressão de carreira.*

Observação: nunca se deve falar mal da empresa em que trabalhou, pois o recrutador entende que quando você fala mal da empresa anterior, também poderá falar mal da empresa na qual deseja atuar.

17.16 Até o momento, qual foi a experiência profissional que lhe trouxe maior satisfação?

Nesse conceito, será preciso mencionar alguma experiência que tenha sido relevante, na qual você teve um bom desempenho, que trouxe uma grande satisfação e obteve bons resultados.

Caso não tenha atuado em nenhuma empresa, você pode citar algum trabalho que tenha desenvolvido na escola ou faculdade, aquele que, de certa forma, trouxe algum valor à sua carreira, tornando-o uma pessoa com maiores grandezas, novos conhecimentos. Também pode mencionar algum curso que tenha lhe trazido alguma habilidade, um conhecimento elevado que tenha lhe proporcionado seu desenvolvimento.

17.17 De que maneira você acha que pode contribuir para esta empresa?

Exemplo de resposta:

Poderei contribuir para que ela tenha uma melhor representação no mercado, atribuindo resultados diante de sua missão, visão e valores, e entregar aos clientes muito mais que um produto ou serviço, vendendo uma nova experiência.

Observação: será preciso que você tenha uma noção de qual é a missão, bem como a visão e os valores da empresa, pois isso poderá ser perguntado após sua resposta.

17.18 Você gostaria de fazer alguma pergunta?

Exemplos de respostas:

Sim. A empresa oferece plano de carreira?

Para um profissional que gosta de estudar, se dedicar ao trabalho, que de fato é competente, busca ser eficiente e produtivo em seu trabalho e deseja muito crescer profissionalmente, quanto tempo você acha que ele poderá levar para crescer na carreira?

Observação: essa pergunta leva o recrutador a pensar que você pretende seguir carreira na empresa escolhida, pelo fato de que deseja o crescimento profissional, se interessando pela cultura e plano de carreira.

17.19 Por que você pretende sair do seu emprego atual?

Exemplo de resposta:

> *Pretendo sair do meu emprego atual, porque sou um grande sonhador e busco sempre o crescimento e o desenvolvimento, e percebi que onde estou, apesar de ser uma excelente empresa, não terei possibilidades de conquistar novos cargos mais elevados. Não consigo me imaginar naquele cargo por toda a vida, pois as habilidades que possuo poderão me levar a um grau muito mais elevado, podendo assim trazer muitos resultados ao longo da minha carreira.*

17.20 Com qual área da empresa você mais se identifica?

Perante essa pergunta, seria interessante ressaltar a vaga para a qual você está concorrendo, pois assim demonstrará um interesse maior pela área desejada e, assim, terá maiores possibilidades de ser escolhido.

Você pode também, se preferir, dizer que se identifica muito com planejamento e atendimento, pois planejamento engloba um pouco todas as áreas, visão estratégica, entre outras. Tudo que vai ser feito dentro de uma empresa deve ser planejado para que seja possível um serviço ser executado de maneira eficiente, alcançando seu objetivo.

Em relação ao atendimento, diga que é pelo fato de você gostar de trabalhar com pessoas, tendo facilidade de relacionamento interpessoal. Fale que trabalha bem em todos os tipos de situações, fáceis ou difíceis, com pessoas pacientes ou impacientes, educadas ou mal-educadas, e que isso lhe permitiu ser destaque no decorrer de sua carreira, possibilitando trabalhar com excelência nessa área.

17.21 Conte algum erro que tenha cometido e como fez para corrigi-lo

Em todas as empresas, sem exceção, existem conflitos, portanto, seria um assunto bastante interessante para ressaltar. Assim, pode-se dizer que, certa vez, ocorreu um desentendimento na equipe, seja dentro da empresa, seja na escola, na qual os conflitos entre o pessoal foram se prolongando, aumentando a intensidade, pois os desentendimentos eram constantes. Com isso, você percebeu a necessidade de entrar num consenso, buscando a solução para aquele problema, mostrando a todos que aquela discussão estava sendo desnecessária, estavam perdendo tempo com algo irrelevante, que não levaria a nenhuma conclusão. Assim, você teve a autonomia de chegar e elaborar uma estratégia para amenizar aquele processo de indecisão, desentendimento e irrelevância. Buscou o entendimento, o acordo e o consenso naquele determinado momento, trazendo um resultado final positivo e um acordo entre o grupo, fazendo a equipe obter a consciência e o controle da situação. Estabeleceu um trabalho de maneira mais sinérgica, com toda equipe organizada e centrada naquilo que realmente era importante para concluir sua realização, obtendo um resultado final positivo.

17.22 Qual o emprego do seus sonhos?

Exemplo de resposta:

> *O emprego dos meus sonhos é aquele que ofereça possibilidades de crescimento, liberdade de expressão, que me faça desenvolver juntamente à empresa, me concedendo o sentimento de realização.*

17.23 Estaria disposto a trabalhar sábado e domingo?

Exemplo de resposta:

Não há problemas com os dias de trabalho, viso apenas trabalhar em uma empresa onde possa ter reconhecimento e tenha satisfação no trabalho desenvolvido para que, assim, eu possa progredir a cada dia, podendo buscar uma colocação mais elevada no futuro.

17.24 Como você lidou com uma situação difícil em uma empresa?

Exemplos de respostas:

Primeiramente, em uma situação difícil busquei manter a calma e o equilíbrio emocional, tentei entender o problema e pensei nos meios para resolvê-lo da melhor maneira possível, trazendo assim a solução.

Se for algo que não estiver ao meu alcance para resolver, busco alguém mais capacitado para me ajudar. Fico ao lado dessa pessoa aprendendo como deve ser feito o trabalho, para que, na próxima dificuldade, eu esteja preparado e capacitado, da melhor maneira possível, para resolvê-la sozinho.

17.25 Como seria para você ter de lidar com um cliente com raiva?

Exemplos de respostas:

Seria ótimo, pois sou muito tranquilo e paciente.

Atender um cliente com raiva seria importante, pois vejo isso como um ponto positivo devido à oportunidade que vou ter em solucionar um problema, podendo me capacitar perante a situação ocorrida e me sentir útil desenvolvendo um excelente trabalho, o qual fará o cliente satisfeito.

17.26 Qual foi seu maior fracasso na carreira profissional?

Essa resposta é pessoal. Se você nunca tiver trabalhado, pode contar algum fato ocorrido que lhe tenha trazido um resultado de fracasso, algo que foi desagradável, na escola, com os amigos, família etc.

Se você já trabalhou ou trabalha no momento, poderá contar algum acontecimento que tenha ocorrido nessa caminhada que, ao mesmo tempo, possa fazer o recrutador imaginar que você é uma pessoa que busca realização pessoal e profissional.

17.27 Quais são os critérios que o motivam?

Exemplo de resposta:

> *O que me motiva é atuar em uma empresa que reconheça meu trabalho, ofereça oportunidades de crescimento, me permita ter iniciativa diante de um trabalho em que eu possa trazer melhores resultados, fazendo-o da maneira que acredito ser mais produtiva, me possibilite participar de reuniões e dar opiniões. Poder fazer parte da estratégia da empresa, podendo me expressar e contribuir com minhas ideias.*

17.28 Você já discordou do seu chefe alguma vez?

Exemplo de resposta:

> *Na verdade não discordei, pois eu poderia estar errado no meu ponto de vista, porém, apenas mencionei minha opinião, dizendo que se a gente fizesse o trabalho de forma diferente poderia trazer maiores resultados, defendendo a minha ideia, que acreditava ser a melhor para a empresa. Demonstrei a ele minha maneira de pensar, com o intuito de obter resultados significativos.*

17.29 Você tem espírito de liderança?

Perante essa pergunta, você poderá dizer que sim. Caso já tenha trabalhado com liderança, poderá mencionar suas experiências, senão, diga que você se identifica com esse trabalho, pelo fato de que tem facilidade em trabalhar com pessoas, tem um bom relacionamento interpessoal, o que faz de você referência para os demais da equipe. Diga que, na família ou na escola, as pessoas o veem como um grande exemplo e se espelham em você por meio de suas atitudes, pela maneira como se comunica, seu jeito de trabalhar etc.

17.30 Qual o último livro que você leu?

Tente se lembrar de algum livro que tenha lido recentemente ou de algum outro que tenha lhe propiciado um conhecimento mais aguçado, uma visão melhor de mercado, carreira profissional e pessoal, um contexto que possa ser relevante para sua vida, agregando-lhe uma visão mais estratégica. Assim, você mostra que pode proporcionar algo para a empresa por meio de seus conhecimentos e experiências adquiridos advindos dessa leitura.

17.31 Qual o maior defeito de uma pessoa que tira sua paciência?

É importante demostrar ao recrutador que cada colaborador possui suas funções, pois já foram delegadas cada atividade. Mesmo assim, existe desvio de funções dentro das empresas, existem pessoas que pedem para ajudar, mesmo podendo fazer o serviço.

Portanto, pode-se dizer que o que tira sua paciência é aquela pessoa muito folgada, que tem a possibilidade de executar o serviço, mas mesmo assim pede para você fazer.

Contudo, independentemente disso, apesar de não ser sua função, você apenas pega e faz sem comentar nada para evitar conflitos, e executa o trabalho com excelência, pois tem um grande comprometimento com a empresa, já que trabalha com o intuito de atingir todos os objetivos estabelecidos pelas regras de conduta dela.

17.32 Se você fosse o recrutador, como você demitiria alguém?

Para demitir um colaborador, primeiramente, será preciso ser bem assertivo, ou seja, saber se expressar sem denegrir seu psicológico.

Deve, então, falar a ele como se encontra a situação da empresa, dizendo que teria de desligar um colaborador dela. Se ele fosse o mais recente, poderia ressaltar que foi o escolhido devido ao pouco tempo de experiência. Caso contrário, se estivesse há muito tempo na empresa, diga que está sendo demitido não por problemas, mas porque, no cargo ocupado por ele, outros colaboradores têm mais conhecimento das funções, o que facilitaria para distribuir seu serviço para ser feito pelos demais trabalhadores da empresa.

17.33 Se você fosse o recrutador, qual pergunta faria que eu não perguntei ainda?

Poderia dizer, por exemplo: você prefere trabalhar em equipe ou individualmente? Por quê?

Seria interessante dizer que prefere trabalhar em equipe. Pelo fato de ter mais pessoas trabalhando ao seu lado, isso seria bastante significativo devido à oportunidade de trocar informações, desenvolver ideias e estabelecer qual a melhor maneira de trabalhar e ser mais eficiente, produtivo e, assim, executar um trabalho com excelência.

17.34 Do seu ponto de vista, o que você considera extremamente importante dentro de uma empresa?

Exemplo de resposta:

A liberdade de expressão, pois muitas vezes, dentro de uma empresa, alguns colaboradores conseguem, de certa forma, por meio de sua criatividade e seus conhecimentos, contribuir com novas ideias, novos conceitos de trabalho, os quais, por sua vez, podem ser significativos, buscando melhorias e melhor desempenho no decorrer de seu desenvolvimento.

17.35 O que você entende por comunicação e qual sua importância dentro da empresa?

A comunicação existe para que seja possível obter resultados entre duas pessoas ou mais. Seu fundamento, podemos dizer, é emitir algo ao receptor, o qual ele entenda e possa pedir feedback para ter certeza de que houve o entendimento por parte dele, pois muitas vezes falamos e a outra pessoa não compreende. Deve-se ter maior clareza, bem como objetividade, a fim de repassar algo facilmente, para que essa pessoa tenha capacidade de entender.

A comunicação é algo extremamente importante e deve ter um grande alinhamento dentro da empresa. Ela pode impactar de maneira significativa, trazendo bons resultados, ao mesmo tempo poderá, também, trazer resultados negativos.

Não importa qual seja o trabalho que você exerça, é preciso que todos os setores estejam interligados na comunicação, a fim de que todos os colaboradores tenham consciência de tudo o que está sendo feito dentro da empresa. Se um colaborador fizer algum trabalho, ou deixar de fazê-lo, e não comunicar aos outros setores, isso poderá atrasar o trabalho dos demais, portanto, é preciso que alinhem essa comunicação na busca dos resultados esperados.

17.36 Você se considera uma pessoa flexível?

Exemplo de resposta:

Sim, me considero flexível, pois tenho facilidade de aprender e me adapto bem às mudanças ocorridas ao longo da carreira. Além disso, gosto de ouvir e obter novos conhecimentos e experiências.

17.37 Diga-me uma pessoa bem-sucedida em que você se inspira e por quê

Nesse momento, você precisa ter em mente uma pessoa que tenha tido um grande resultado, pode ser um ator, palestrante, empresário etc.

Você poderá dizer que se inspira numa pessoa que sonha grande, que ao longo da carreira passou por diversas dificuldades, mas, ao final de seu trajeto, conseguiu realizar seu sonho; alguma pessoa que tenha obtido êxito e construído uma linda história de sucesso, superação, na qual tenha deixado um bom legado.

17.38 Como você reage diante de uma crítica?

Exemplo de resposta:

Tenho uma reação boa e tranquila, pois a vejo como algo positivo. A crítica é um feedback construtivo, porque por meio dela consigo compreender aquilo que estou fazendo bem e continuarei realizando. Ela me mostrará onde estou errando e, assim, terei a oportunidade de melhorar diante desse erro, podendo trabalhar de maneira que traga cada vez mais resultados positivos.

18
PERGUNTAS DE RACIOCÍNIO LÓGICO

Algumas vezes, pode acontecer de o recrutador fazer alguma pergunta para observar seu raciocínio lógico, para testar seu desempenho em pensar de maneira rápida, desenvolver uma boa ideia e falar algo que convença.

Veja a seguir alguns exemplos de perguntas feitas por alguns recrutadores:

1. Se você fosse um objeto, qual seria? Por quê?

2. Se você fosse uma roupa, qual seria? Por quê?

3. Se você fosse um animal, qual seria? Por quê?

4. Se você fosse uma fruta, qual seria? Por quê?

Essas questões podem parecer não ter muito significado, relevância. Mas recrutadores fazem esse tipo de pergunta, em alguns casos, para testar seu modo de raciocinar, pensar, gerar boas ideias etc. Portanto, quando surgir esse tipo de pergunta, pense um pouco, tenha em mente algo que seja relevante e demonstre que você é criativo, que possui boas ideias e domina bem a comunicação.

Veja aqui um exemplo que desenvolvi para ajudá-lo:

18.1 Se você fosse um objeto, qual seria? Por quê?

Gostaria de ser um celular, pois esse objeto facilita a comunicação, possibilita comunicar-se com pessoas que estão longe, contribui com empresas que desenvolvem trabalhos pelas redes sociais e isso gera resultados, entregando valores aos clientes.

18.2 Se você fosse uma roupa, qual seria? Por quê?

Seria uma roupa social, porque sou uma pessoa que se preocupa com o marketing pessoal, me preocupo em representar minha imagem da melhor maneira possível, possibilitando, assim, representar a marca e o nome da empresa onde trabalho na sociedade.

18.3 Se você fosse um animal, qual seria? Por quê?

Queria ser um cachorro, pois ele é insistente em suas escolhas e jamais desiste de algo quando tem um objetivo. O cachorro, mesmo quando é penalizado por ter feito algo errado, se ele acredita que é aquilo, se deseja de verdade, ainda que em meio a ameaças, ele luta por seu objetivo. É persistente e vai até o fim para realizar seus desejos.

18.4 Se você fosse uma fruta, qual seria? Por quê?

Prefiro ser uma banana, pois ela é doce e bem aceita pelas pessoas, acredito que seja a mais vendida nos mercados, pois a vejo na mesa de muitos brasileiros. Então, gostaria de ser uma banana, porque sinto uma grande realização quando sou bem aceito pelas pessoas por meio de meus valores.

19

O MELHOR NEM SEMPRE VENCE

Nesta vida, passamos por muitas experiências positivas e negativas, aquelas que nos agregam valores, fazem-nos crescer, desenvolvem-nos e, também, por algumas que não nos ajudam em nada.

Muitos têm a oportunidade de passar por diversas empresas, vários setores, aprender coisas surpreendentes e conquistar aprendizados que os ajudarão bastante em suas carreiras.

Mas, infelizmente, perante o mercado, não conseguimos ter controle às vezes da situação que nos circunda. O que podemos fazer é obter experiências das situações vivenciadas para que, no erro, consigamos aprender. Para as decepções, que nós consigamos nos superar; para cada queda, que possamos nos levantar e caminhar em busca de uma nova oportunidade de fazer mais e melhor, podendo assim conquistar nosso objetivo.

Tive a oportunidade de passar por diversas entrevistas de emprego na minha carreira, obtive as melhores experiências possíveis, assisti a vários vídeos de entrevista, consegui passar por processos seletivos nas melhores e mais conceituadas empresas da cidade, sendo multinacionais, nacionais, públicas, privadas, bancos etc.

Depois de tanto estudo, experiências, conversas com profissionais, adquiri tantas vivências nesse ramo de entrevista que tive o privilégio de escrever meu próprio livro. E sabendo da facilidade que tinha de ser entrevistado, sempre participava dos processos seletivos tranquilamente, calmo, confiante, acreditando na minha capacidade de vencer.

Mas, na realidade, você terá de aprender a lidar com as perdas, os fracassos e a derrota.

Será necessário que você tenha inteligência emocional para lidar com essa situação de angústia e tristeza, para aprender com o erro e não desistir de tentar.

Mesmo possuindo vasta experiência em entrevistas, dominando muito a comunicação, tendo a capacidade de responder claramente às perguntas, possuindo várias vivências, tendo trabalhado em diversas empresas conceituadas e sendo um ótimo candidato, ainda assim tive de lidar com os fracassos e, infelizmente, não consegui passar em algumas entrevistas.

Portanto, espero que você saiba que mesmo possuindo muitas experiências, muitas habilidades, muito conhecimento, terá de lidar com os fracassos.

No entanto:

- Jamais abandone seus objetivos.

- Tente quantas vezes for preciso.

- Nunca pare de aprender.

- Tenha foco e atitude.

Seja persistente e tenha atitude para fazer acontecer, aprenda algo novo constantemente, só assim o sucesso vai conspirar a seu favor.

Tente uma vez, tente duas, três, não desista até conquistar tudo aquilo que acredita ser melhor para sua vida.

Somente assim você poderá conquistar todos os seus sonhos.

Mesmo sendo o melhor...
Mesmo sendo o mais experiente...
Mesmo sendo o que tem mais inteligência...
Mesmo possuindo várias qualidades...
Você ainda terá que lidar com os fracassos da Vida!
O melhor, talvez, não seja o melhor em determinados lugares, para determinadas pessoas...
Portanto, independentemente de todas as decepções da Vida, saiba que os seus valores serão válidos...
Você precisa apenas encontrar o lugar ideal para demonstrar sua grandiosidade e agregar valor a sua carreira em cada instante da Vida.